D1701744

Nr.: 92
Auflage: 1522
Erscheinungsdatum: 27.7.98
Preis: 26,—

Edition Akzente
Herausgegeben von
Michael Krüger

Paul Muldoon

Auf schmalen Pfaden durch den tiefen Norden

Ausgewählte Gedichte
Englisch-Deutsch

*Aus dem Englischen von Margitt Lehbert
und Hans-Christian Oeser*

Carl Hanser Verlag

Titel der dieser Ausgabe zugrundeliegenden Originalausgaben:
New Weather © Faber and Faber, London 1973
Mules © Faber and Faber, London 1977
Why Brownlee Left © Faber and Faber, London 1980
Quoof © Faber and Faber, London 1983
The Wishbone © Faber and Faber, London 1984
Meeting the British © Faber and Faber, London 1987
Madoc: A Mystery © Faber and Faber, London 1990
Shining Brow © Faber and Faber, London 1993
The Annals of Chile © Faber and Faber, London 1994

1 2 3   00 99 98
ISBN 3-446-19507-6
Alle Rechte der deutschen Ausgabe
© 1998 Carl Hanser Verlag München Wien
Umschlag: Nach einem Entwurf von Klaus Detjen
unter Verwendung eines Fotos von Mark Czjajkowski,
Faber und Faber Ltd., London
Satz: Filmsatz Schröter, München
Druck und Bindung: Friedrich Pustet, Regensburg
Printed in Germany

Auf schmalen Pfaden
durch den tiefen Norden

Dancers at the Moy

This Italian square
And circling plain
Black once with mares
And their stallions,
The flat Blackwater
Turning its stones

Over hour after hour
As their hooves shone
And lifted together
Under the black rain,
One or other Greek war
Now coloured the town

Blacker than ever before
With hungry stallions
And their hungry mares
Like hammocks of skin,
The flat Blackwater
Unable to contain

Itself as horses poured
Over acres of grain
In a black and gold river.
No band of Athenians
Arrived at the Moy fair
To buy for their campaign,

Tänzer in Moy

Die italienische Piazza,
Die Ebene im Umkreis
Schwarz einst von Stuten
Und ihren Hengsten.
Der seichte Blackwater
Spülte seine Steine

Hoch Stunde um Stunde,
Und ihre Hufe glänzten
Und hoben sich im Takt
Unter dem schwarzen Regen.
Ein griechischer Krieg
Färbte die Stadt jetzt

Schwärzer denn je:
Hungrige Hengste
Und ihre hungrigen Stuten
Wie Hängematten aus Haut.
Der seichte Blackwater
Hielt nicht mehr an sich,

Und Pferde ergossen sich
Über Felder von Korn
In einen schwarzgoldnen Strom.
Keine athenische Rotte
Kam zur Messe nach Moy,
Um für ihre Kampagne zu rüsten:

Peace having been declared
And a treaty signed.
The black and gold river
Ended as a trickle of brown
Where those horses tore
At briars and whins,

Ate the flesh of each other
Like people in famine.
The flat Blackwater
Hobbled on its stones
With a wild stagger
And sag in its backbone,

The local people gathered
Up the white skeletons.
Horses buried for years
Under the foundations
Give their earthen floors
The ease of trampolines.

Der Friede war schon erklärt,
Ein Vertrag unterzeichnet.
Der schwarzgoldne Strom
Endete als braunes Rinnsal,
Dort wo jene Pferde an wilden
Rosen und Stechginster rissen

Und einander zerfleischten
Wie hungernde Menschen.
Der seichte Blackwater
Hüpfte über seine Kiesel
In wildem Taumel und
Mit gekrümmtem Rückgrat,

Die Ortsbewohner lasen
Die bleichen Gerippe auf.
Pferde, seit Jahren unter
Den Grundmauern begraben,
Verleihen ihren Lehmböden
Die Leichtigkeit von Trampolinen.

Identities

When I reached the sea
I fell in with another who had just come
From the interior. Her family
Had figured in a past regime
But her father was now imprisoned.

She had travelled, only by night,
Escaping just as her own warrant
Arrived and stealing the police boat,
As far as this determined coast.

As it happened, we were staying at the same
Hotel, pink and goodish for the tourist
Quarter. She came that evening to my room
Asking me to go to the capital,
Offering me wristwatch und wallet,
To search out an old friend who would steal
Papers for herself and me. Then to be married,
We could leave from that very harbour.

I have been wandering since, back up the streams
That had once flowed simply one into the other,
One taking the other's name.

Identitäten

Als ich das Meer erreichte,
Geriet ich an eine andere, die gerade
Vom Inland gekommen war. Ihre Familie hatte
In einem vergangenen Regime eine Rolle gespielt
Doch ihr Vater saß nun hinter Gittern.

Sie war gereist, nur bei Nacht,
Gerade entflohen, als der Haftbefehl kam,
Das Polizeiboot gestohlen,
Bis an diese entschiedene Küste.

Wie es sich gerade traf, wohnten wir im selben
Hotel, rosa und ziemlich gut für das Touristen-
Viertel. Sie kam an dem Abend auf mein Zimmer
Und bat mich, zur Hauptstadt zu fahren,
Bot mir Armbanduhr und Portemonnaie an,
Um einen alten Freund zu finden, der Papiere
Stehlen würde für sie und mich. Dann heiraten,
Wir könnten von diesem Hafen hier abreisen.

Seitdem streife ich umher, die Bäche wieder hoch,
Die früher einfach einer in den anderen flossen,
Wobei einer den Namen des anderen nahm.

February

He heard that in Derryscollop there is a tree
For every day of the year,
And the extra tree is believed to grow –
One year in every four.

He had never yet taken time to grieve
For this one without breasts
Or that one wearing her heart on her sleeve
Or another with her belly slashed.

He had never yet taken time to love
The blind pink fledgeling fallen out of the nest
Of one sleeping with open mouth
And her head at a list.

What was he watching and waiting for,
Walking Scollop every day?
For one intending to leave at the end of the year,
Who would break the laws of time and stay.

Februar

Er hat gehört, in Derryscollop finde sich ein Baum
Für jeden Tag des Jahres,
Angeblich wächst der Extrabaum
Nur jedes vierte Jahr.

Er hatte sich noch die Zeit genommen,
Diese eine ohne Brüste zu betrauern
Oder jene, die das Herz auf der Zunge trägt,
Oder eine dritte mit aufgeschlitztem Bauch.

Er hatte sich noch nie die Zeit genommen,
Das blinde rosa Küken zu lieben,
Aus dem Nest gefallen von einer, die
Mit offnem Mund und schrägem Kopf schläft.

Worauf lauerte, worauf wartete er,
Wenn er tagein, tagaus Scollop durchwanderte?
Auf eine, die zum Jahresende fortwill,
Das Gesetz der Zeit verletzt und bleibt.

The Electric Orchard

The early electric people had domesticated the wild ass.
They knew all about falling off.
Occasionally, they would have fallen out of the trees.
Climbing again, they had something to prove
To their neighbours. And they did have neighbours.
The electric people lived in villages
Out of their need of security and their constant hunger.
Together they would divert their energies

To neutral places. Anger to the banging door,
Passion to the kiss.
And electricity to earth. Having stolen his thunder
From an angry god, through the trees
They had learned to string his lightning.
The women gathered random sparks into their
     aprons,
A child discovered the swing
Among the electric poles. Taking everything as given,

The electric people were confident, hardly proud.
They kept fire in a bucket,
Boiled water and dry leaves in a kettle, watched the lid
By the blue steam lifted and lifted.
So that, where one of the electric people happened
     to fall,
It was accepted as an occupational hazard.
There was something necessary about the thing.
     The North Wall
Of the Eiger was notorious for blizzards,

Der elektrische Obstgarten

Das frühe elektrische Volk hatte den wilden Esel gezähmt.
Übers Fallen wußten sie genauestens Bescheid.
Ab und zu fielen sie eben aus den Bäumen.
Sie kletterten erneut hoch, um es den Nachbarn
Doch zu zeigen. Und sie hatten sehr wohl Nachbarn.
Das elektrische Volk lebte wegen seiner Sehnsucht
Nach Sicherheit und seinem ewigen Hunger in Dörfern.
Zusammen lenkten die Leute ihre Energien

Auf neutrale Dinge. Wut auf die knallende Tür,
Leidenschaft auf den Kuß.
Und Elektrizität auf die Erde. Nachdem sie den Donner
Einem wütenden Gott gestohlen hatten, lernten sie,
Seine Blitze durch die Bäume zu spannen.
Die Frauen sammelten vereinzelte Funken in ihren
 Schürzen auf,
Ein Kind entdeckte zwischen Leitungsmasten
Die Schaukel. Da es alles als gegeben betrachtete,

War das elektrische Volk selbstsicher, kaum dreist.
Man bewahrte Feuer in einem Eimer auf,
Kochte Wasser und trockene Blätter in einem Kessel, sah,
Wie der blaue Dampf den Deckel immer wieder hob.
So daß es, wenn einer aus dem elektrischen Volk zufällig
 fiel,
Als Berufsrisiko akzeptiert wurde.
Es lag darin etwas Notwendiges. Die Nordwand
Des Eigers war für Schneestürme berüchtigt.

If one fell there his neighbour might remark, Bloody
    fool.
All that would have been inappropriate,
Applied to the experienced climber of electric poles.
I have achieved this great height?
No electric person could have been that proud,
Thirty or forty feet. Perhaps not that,
If the fall happened to be broken by the roof of a
    shed.
The belt would burst, the call be made,

The ambulance arrive and carry the faller away
To hospital with a scream.
There and then the electric people might invent the
    railway,
Just watching the lid lifted by the steam.
Or decide that all laws should be based on that of
    gravity,
Just thinking of the faller fallen.
Even then they were running out of things to do and
    see.
Gradually, they introduced legislation

Whereby they nailed a plaque to every last electric
    pole.
They would prosecute any trespassers.
The high up, singing and live fruit liable to shock or
    kill
Were forbidden. Deciding that their neighbours
And their neighbours' innocent children ought to be
    stopped
For their own good, they threw a fence

Wenn einer da fiel, bemerkte der Nachbar womöglich:
  Vollidiot.
Auf den erfahrenen Leitungsmaststeiger bezogen
Wäre das alles unangemessen gewesen.
Ich habe diese große Höhe erreicht?
Kein elektrischer Mensch kann da stolz gewesen sein,
Die zehn oder zwölf Meter. Vielleicht nicht mal das,
Wenn der Fall zufällig vom Dach einer Scheune gedämpft
  wurde.
Wieder mal riß der Gurt, es wurde angerufen,

Der Krankenwagen kam und trug den Faller
Mit einem Aufheulen fort zum Krankenhaus.
Auf der Stelle könnte das elektrische Volk dann die
  Eisenbahn erfinden,
Allein durchs Hinschauen, wie Dampf den Deckel hebt.
Oder beschließen, alle Gesetze auf dem der Schwerkraft
  beruhen zu lassen,
Einfach durch das Nachdenken über den gefallenen
  Faller.
Damals schon hatten sie kaum noch was zu sehen, kaum
  was zu tun.
Nach und nach führten sie Gesetze ein,

Denen zufolge sie an jeden letzten Mast ein Schild
  hängten.
Sie pflegten alle Unbefugten gerichtlich zu belangen.
Die hochhängenden, singenden, stromführenden
  Früchte, die töten konnten,
Wurden verboten. Nach der Entscheidung, ihren Nachbarn
Und den unschuldigen Kindern ihrer Nachbarn zum
  eigenen Schutz
Einhalt zu gebieten, errichteten sie um die Leitungsmasten

Of barbed wire round the electric poles. None could
    describe
Electrocution, falling, the age of innocence.

Einen Zaun aus Stacheldraht. Keiner konnte den Tod
Durch Stromschlag mehr beschreiben, das Fallen, die Zeit
der Unschuld.

Wind and Tree

In the way that the most of the wind
Happens where there are trees,

Most of the world is centred
About ourselves.

Often where the wind has gathered
The trees together,

One tree will take
Another in her arms and hold.

Their branches that are grinding
Madly together,

It is no real fire.
They are breaking each other.

Often I think I should be like
The single tree, going nowhere,

Since my own arm could not and would not
Break the other. Yet by my broken bones

I tell new weather.

Wind und Baum

So, wie der größte Teil des Windes
Dort geschieht, wo es Bäume gibt,

Ist der größte Teil der Welt
Um uns selbst zentriert.

Oft wird, wo der Wind die Bäume
Versammelt hat,

Ein Baum den anderen
In seine Arme nehmen und halten.

Ihre Zweige, die wie wild
Zusammenschrammen,

Es ist kein echtes Feuer.
Sie brechen einander.

Oft denke ich, ich sollte wie der
Einzelne Baum sein, nirgends hingehen,

Da mein eigener Arm den anderen weder brechen
Könnte noch wollte. Doch mit meinen gebrochenen
   Knochen

Sage ich neues Wetter voraus.

Thrush

I guessed the letter
    Must be yours. I recognized
The cuttle ink,
    The serif on
The P. I read the postmark and the date,
    Impatience held
By a paperweight.
    I took your letter at eleven
To the garden
    With my tea.
And suddenly the yellow gum secreted
    Halfway up
The damson bush
    Had grown a shell.
I let those scentless pages fall
    And took it
In my feckless hand. I turned it over
    On its back
To watch your mouth
    Withdraw. Making a lean, white fist
Out of my freckled hand.

Drossel

Ich wußte gleich, es war
        Dein Brief. Ich sah es
An der Sepiatusche,
        An der Serife
Deines P. Ich las den Stempel und das Datum,
        Meine Ungeduld bezähmt
Von einem Briefbeschwerer.
        Um elf nahm ich den Brief
Und meinen Tee
        Mit in den Garten
Und plötzlich war der gelbe Saft,
        Vom Zwetschgenbaum
Auf halber Höhe ausgeschwitzt,
        Mit einem Schneckenhaus bewachsen.
Ich ließ sie fallen, die Seiten ohne Duft,
        Und griff nach ihm
Mit schwacher Hand. Ich drehte es
        Herum –
Und sah, wie sich dein Mund
        Entzog. Da ballte ich die fleckige Hand
Zur straffen, weißen Faust.

Macha

Macha, the Ice Age
Held you down,
Heavy as a man.
As he dragged

Himself away,
You sprang up,
Big as half a county,
Curvaceous,

Drumlin country.
Now at war
With men,
Leading them against

Each other,
You had to prove
Your permanence.
You scored the ground

With a sharp brooch,
Mapped your first
Hillfort.
The day you fell,
At the hands of men,
You fell

Macha

Macha, die Eiszeit
Hielt dich nieder,
Schwer wie ein Mann.
Als er sich weg-

Schleppte,
Sprangst du auf,
Groß wie eine halbe Grafschaft,
Kurvenreich,

Moränenlandschaft.
Nun im Krieg
Gegen die Männer,
Sie gegen-

Einander führend,
Mußtest du
Deinen Bestand beweisen.
Mit einer scharfen Spange

Rissest du Kerben in den Boden,
Entwarfst deine erste
Hügelfestung.
Am Tag, an dem du fielst
Durch Männerhand,
Fielst du

Back over half a county.
Clutching a town

To your breasts.

Über eine halbe Grafschaft zurück.

Und klammertest eine Stadt

An deine Brüste.

Anm. d. Übers.: In der keltischen Mythologie
ist »Macha« eine der drei Kriegsgöttinnen, die
mächtige Erdenmutter, die Stutengöttin oder
ganz allgemein das weibliche Prinzip. Sie stand
in dem Ruf, Männer umzubringen. »Emain Macha«
(Navanfestung) war im fünften und sechsten
Jahrhundert das politische Zentrum des heuti-
gen Ulster und lag in der Nähe des heutigen
Armagh. Der irische Nationalheilige St. Patrick
wählte den Ort als Zentrum seiner Kirche.
Auch heute noch haben die katholische und
protestantische Kirche dort ihren Hauptsitz.

The Waking Father

My father and I are catching spricklies
Out of the Oona river.
They have us feeling righteous,
The way we have thrown them back.
Our benevolence is astounding.

When my father stood out in the shallows
It occurred to me that
The spricklies might have been piranhas,
The river a red carpet
Rolling out from where he had just stood,

Or I wonder now if he is dead or sleeping.
For if he is dead I would have his grave
Secret and safe,
I would turn the river out of its course,
Lay him in its bed, bring it round again.

        No one would question
That he had treasures or his being a king,
Telling now of the real fish farther down.

Der wachende Vater

Mein Vater und ich fangen Stichlinge
Im Oona Fluß.
Ihretwegen fühlen wir uns rechtschaffen,
Wie wir sie zurückgeworfen haben.
Unsere Güte ist erstaunlich.

Als mein Vater dort in der Untiefe stand,
Kam mir der Gedanke,
Die Stichlinge könnten Piranhas sein,
Der Fluß ein roter Teppich,
Der ausrollt von dort, wo er gerade noch war,

Oder ich frage mich nun, ob er tot ist oder schläft.
Denn wäre er tot, ich hätte sein Grab
Geheim und sicher;
Ich würde den Fluß aus seinem Lauf vertreiben,
Vater in sein Bett legen, den Fluß zurückbringen.

Keiner würde in Frage stellen,
Daß er Schätze hatte oder ein König ist,
Der nun erzählt von den echten Fischen weiter unten.

The Cure for Warts

Had I been the seventh son of a seventh son
Living at the dead centre of a wood
Or at the dead end of a lane,
I might have cured by my touch alone
That pair of warts nippling your throat,

Who had no faith in a snail rubbed on your skin
And spiked on a thorn like a king's head,
In my spittle on shrunken stone,
In bathing yourself at the break of dawn
In dew or the black cock's or the bull's blood,

In other such secrets told by way of a sign
Of the existence of one or other god,
So I doubt if any woman's son
Could have cured by his touch alone
That pair of warts nibbling your throat.

Das Mittel gegen Warzen

Wär' ich der siebente Sohn eines siebenten Sohnes
Und hauste mitten im finsteren Wald
Oder am Ende einer finsteren Gasse:
Durch bloßes Handauflegen hätt' ich das Warzenpaar
Geheilt, das deine Kehle ziert,

Nicht an den Schneck geglaubt, der dir, wie ein
Königshaupt auf einen Dorn gespießt, die Haut bestrich,
Nicht an meinen Speichel auf geschrumpftem Stein,
Nicht an das Bad, das du bei Tagesgrauen nahmst,
Im Morgentau oder in Stier- und Hahnenblut,

Nicht an andre Zauber, anvertraut zum Zeichen,
Daß der eine oder andre Gott leibhaftig sei,
So bezweifle ich, daß irgendeines Weibes Sohn
Durch bloßes Handauflegen das Warzenpaar hätt'
Heilen können, das an deiner Kehle zehrt.

Good Friday, 1971. Driving Westward

It was good going along with the sun
Through Ballygawley, Omagh and Strabane.
I started out as it was getting light
And caught sight of hares all along the road
That looked to have been taking a last fling,
Doves making the most of their offerings
As if all might not be right with the day

Where I moved through morning towards the sea.
I was glad that I would not be alone.
Those children who travel badly as wine
Waved as they passed in their uppity cars
And now the first cows were leaving the byres,
The first lorry had delivered its load.
A whole country was fresh after the night

Though people were still fighting for the last
Dreams and changing their faces where I paused
To read the first edition of the truth.
I gave a lift to the girl out of love
And crossed the last great frontier at Lifford.
Marooned by an iffing and butting herd
Of sheep, Letterkenny had just then laid

Open its heart and we passed as new blood
Back into the grey flesh of Donegal.
The sky went out of its way for the hills
And life was changing down for the sharp bends

Karfreitag, 1971. Westwärts fahrend

Es war gut, gemeinsam mit der Sonne
Durch Ballygawley, Omagh und Strabane zu fahren.
Ich brach auf beim ersten Lichte
Und erblickte die ganze Strecke entlang Hasen,
Die ihren letzten Wurf wohl hinter sich hatten,
Tauben, die ihre Opfer nach Kräften nützten,
Als wäre, weiß Gott, nicht alles im Lot an diesem Tag,

An dem ich durch den Morgen hindurch zur See fuhr.
Ich war froh, daß ich nicht allein sein würde.
Die Kinder, so schlecht transportierbar wie Wein,
Winkten, als ihre tollen Schlitten mich überholten,
Und nun verließen die ersten Kühe ihren Stall,
Der erste Laster hatte seine Fracht geliefert.
Ein ganzes Land war frisch nach dieser Nacht,

Obwohl die Leute um die letzten Träume noch
Kämpften und ihre Gesichter wechselten, wo ich
Anhielt, um die Erstausgabe der Wahrheit zu lesen.
Ein Stück nahm ich das Mädchen aus Liebe
Mit und überquerte bei Lifford die letzte große Grenze.
Von einer wenn- und abernden Herde Schafe
Abgeschnitten, hatte Letterkenny da gerade

Sein Herz geöffnet, und wir flossen wie neues Blut
Ins graue Fleisch von Donegal zurück.
Der Himmel trat für die Hügel freundlich zur Seite,
Und das Leben schaltete für die scharfen Kurven runter,

Where the road had put its thin brown arm round
A hill and held on tight out of pure fear.
Errigal stepped out suddenly in our

Path and the thin arm tightened round the waist
Of the mountain and for a time I lost
Control and she thought we hit something big
But I had seen nothing, perhaps a stick
Lying across the road. I glanced back once
And there was nothing but a heap of stones.
We had just dropped in from nowhere for lunch

In Gaoth Dobhair, I happy and she convinced
Of the death of more than lamb or herring.
She stood up there and then, face full of drink,
And announced that she and I were to blame
For something killed along the way we came.
Children were warned that it was rude to stare,
Left with their parents for a breath of air.

Wo die Straße ihren dünnen braunen Arm um
Einen Hügel schlang und sich rein aus Angst festhielt.
Errigal trat uns unversehens in die

Quere, und der dünne Arm hielt des Berges Taille
Noch fester, und ich verlor für eine Weile
Die Kontrolle, und sie dachte, wir hätten was Großes
    erwischt,
Doch ich hatte nichts gesehen, vielleicht einen Stock,
Der zur Straße über Kreuz lag. Einmal blickte ich zurück,
Und es war nichts da als ein Haufen Steine.
Wir waren gerade aus heiterem Himmel zum Lunch

In Gaoth Dobhair erschienen, ich fröhlich und sie
    überzeugt
Vom Tod eines Wesens, mehr als nur Hering oder Lamm.
Auf einmal stand sie auf, was vom Alkohol kam,
Und gab bekannt, daß etwas auf unserem Wege
Nun tot sei, und die Schuld daran bei ihr und mir liege.
Kinder wurden gewarnt, auf Menschen starre man nicht,
Gingen mit ihren Eltern, um Luft zu schnappen, ans Licht.

Hedgehog

The snail moves like a
Hovercraft, held up by a
Rubber cushion of itself,
Sharing its secret

With the hedgehog. The hedgehog
Shares its secret with no one.
We say, Hedgehog, come out
Of yourself and we will love you.

We mean no harm. We want
Only to listen to what
You have to say. We want
Your answers to our questions.

The hedgehog gives nothing
Away, keeping itself to itself.
We wonder what a hedgehog
Has to hide, why it so distrusts.

We forget the god
Under this crown of thorns.
We forget that never again
Will a god trust in the world.

Igel

Die Schnecke bewegt sich wie ein
Hovercraft, von einem Gummikissen
Ihrer selbst getragen, und
Teilt ihr Geheimnis

Mit dem Igel. Der Igel
Teilt sein Geheimnis mit niemandem.
Wir sagen, Igel, komm aus
Dir raus, und wir werden dich lieben.

Wir wollen nichts Böses. Wir wollen
Nur hören, was du
Zu sagen hast. Wir wollen
Deine Antworten auf unsere Fragen.

Der Igel verrät
Nichts, er behält sich für sich.
Wir fragen uns, was ein Igel
Zu verbergen hat, warum er so mißtraut.

Wir vergessen den Gott
Unter dieser Dornenkrone.
Wir vergessen, daß nie wieder
Ein Gott der Welt vertrauen wird.

Vampire

Seeing the birds in Winter
Drinking the images of themselves
Reflected in a sheet of ice,
She thinks of that Winter,
»Carefully appointed mirrors
Create the illusion of depth«,
When she covered her walls
From floor to ceiling with glass.

In January she would have
The »carefully appointed mirrors«
Taken away. The thing ought
Not be bigger than the fact,
She would keep telling herself.
Or, already spending the daylight
Hours in bed, say, I am alive
Because I am alive.

For even then she believed herself
Native soil enough for herself,
Though already she would rise
Only as night was falling, quietly
Lifting the single milkbottle
That stood on her step since morning,
The top repeatedly
Punctured by a thirsting bird.

Vampir

Wenn sie die Vögel sieht im Winter,
Wie sie ihr eigenes Bild,
Auf glattem Eis gespiegelt, trinken,
Denkt sie an jenen Winter,
»Sorgfältig ausgerichtete Spiegel
Erzeugen eine Illusion von Tiefe«,
Als sie ihre Wände vom Boden
Bis zur Decke mit Glas verkleidet hat.

Schon im Januar ließ sie dann
Die »sorgfältig ausgerichteten Spiegel«
Wieder wegholen. Der Gegenstand sollte
Nicht größer als die Tatsache sein,
Sagte sie sich dann immer wieder.
Oder, als sie die Tageslichtstunden schon
Im Bett verbrachte: Ich bin am Leben,
Weil ich am Leben bin.

Denn sogar dann noch hielt sie sich selbst
Für genug Heimaterde für sich selbst,
Obwohl sie schon damals erst aufstand,
Wenn die Nacht anbrach, um still
Die eine Milchflasche aufzuheben,
Die seit dem Morgen auf der Stufe stand,
Der Verschluß mehrfach
Von einem dürstenden Vogel durchstochen.

The Field Hospital

Taking, giving back their lives
By the strength of our bare hands,
By the silence of our knives,
We answer to no grey South

Nor blue North, not self-defence,
The lie of just wars, neither
Cold nor hot blood's difference
In their discharging of guns,

But that hillside of fresh graves.
Would this girl brought to our tents
From whose flesh we have removed
Shot that George, on his day off,

Will use to weight fishing lines,
Who died screaming for ether,
Yet protest our innocence?
George lit the lanterns, in danced

Those gigantic, yellow moths
That brushed right over her wounds,
Pinning themselves to our sleeves
Like medals given the brave.

Das Feldlazarett

Wenn wir ihre Leben nehmen, wieder-
Geben durch die Stärke unsrer Hände,
Durch das Schweigen unsrer Messer,
Stehen wir weder dem grauen Süden

Noch dem blauen Norden Rede, nicht der Notwehr,
Der Lüge vom gerechten Krieg, auch nicht
Dem Gefälle zwischen kaltem Blut und heißem,
Als sich ihre Gewehre entluden,

Sondern jenem Hügel frischer Gräber.
Würde das Mädchen, uns ins Zelt gebracht,
Aus dem wir jenen Schrot entfernten,
Den dann George an seinem freien Tag

Beim Angeln als Gewicht benutzt,
Das im Sterben nach Äther schrie,
Trotzdem unsere Unschuld beteuern?
George machte Licht, hereintanzten

Diese riesigen, gelben Motten,
Die sacht ihre Wunden streiften
Und sich an unsere Ärmel hefteten
Wie Orden für Tapferkeit.

Ned Skinner

Was »a barbaric yawp«,
If you took Aunt Sarah at her word.
He would step over the mountain
Of a summer afternoon
To dress a litter of pigs
On my uncle's farm.

Aunt Sarah would keep me in,
Taking me on her lap
Till it was over.
Ned Skinner wiped his knife
And rinsed his hands
In the barrel at the door-step.

He winked, and gripped my arm.
»It doesn't hurt, not so's you'd notice,
And God never slams one door
But another's lying open.
Them same pigs can see the wind.«
My uncle had given him five shillings.

Ned Skinner came back
While my uncle was in the fields.
»Sarah«, he was calling, »Sarah.
You weren't so shy in our young day.
You remember one time in Archer's loft?«
His face blazed at the scullery window.
»Remember? When the hay was won.«

Ned Skinner

War »ein Barbar, ein Schreihals«,
Wenn man Tante Sarah beim Wort nahm.
An einem Nachmittag im Sommer
Kam er über den Berg gelaufen,
Um auf der Farm meines Onkels
Einen Wurf Ferkel zu schlachten.

Tante Sarah behielt mich drinnen
Und nahm mich auf den Schoß,
Bis alles ausgestanden war.
Ned Skinner wischte das Messer ab
Und spülte sich die Hände
In der Tonne vor der Haustür.

Er zwinkerte und faßte mich am Arm.
»Es tut nicht weh, du merkst es kaum.
Wem Gott eine Tür vor der Nase zuschlägt,
Dem tut er eine andere auf.
Die Wutzen kommen jetzt darauf.«
Mein Onkel hatte ihm fünf Schillinge gezahlt.

Ned Skinner kam zurück,
Mein Onkel war gerade auf dem Feld.
»Sarah«, rief er, »Sarah.
Als wir jung warn, warst du nicht so scheu.
Weißt du noch, damals auf Archers Heuboden?«
Vor dem Küchenfenster flammte sein Gesicht.
»Weißt du noch? Das Heu war frisch gemäht.«

Aunt Sarah had the door on the snib.
»That's no kind of talk
To be coming over. Now go you home.«
Silence. Then a wheeze.
We heard the whiskey-jug
Tinkle, his boots diminish in the yard.
Aunt Sarah put on a fresh apron.

Tante Sarah hatte die Türe verhakt.
»Das ist keine Art zu reden,
Wenn man zu Besuch ist. Geh jetzt heim.«
Schweigen. Dann ein Niesen.
Wir hörten den Whiskeykrug
Klirren, seine Stiefel verhallen im Hof.
Tante Sarah band sich eine frische Schürze um.

The Mixed Marriage

My father was a servant-boy.
When he left school at eight or nine
He took up billhook and loy
To win the ground he would never own.

My mother was the school-mistress,
The world of Castor and Pollux.
There were twins in her own class.
She could never tell which was which.

She had read one volume of Proust,
He knew the cure for farcy.
I flitted between a hole in the hedge
And a room in the Latin Quarter.

When she had cleared the supper-table
She opened *The Acts of the Apostles*,
Aesop's Fables, Gulliver's Travels.
Then my mother went on upstairs

And my father further dimmed the light
To get back to hunting with ferrets
Or the factions of the faction-fights,
The Ribbon Boys, the Caravats.

Die Mischehe

Mein Vater war ein Bauersknecht.
Als er mit acht, neun von der Schule ging,
Griff er zur Hippe und zum Spaten,
Erschloß den Boden, den er nie besaß.

Meine Mutter war die Lehrerin,
Des Kastor und des Pollux Welt.
In ihrer eignen Klasse waren Zwillinge,
Nie erriet sie, wer war wer.

Sie kannte einen Band von Proust.
Er Mittel gegen Rinderrotz.
Ich huschte zwischen einem Heckenloch
Und einer Bude im Quartier Latin.

War der Abendbrottisch abgeräumt,
Schlug sie die Apostelgeschichte auf,
Die *Fabeln des Äsop, Gullivers Reisen.*
Dann ging Mutter schon nach oben,

Und Vater machte es noch dunkler,
Zog sich zurück auf Frettchenjagd
Oder die Fraktionen der Fraktionenkämpfe:
Der Ribbon Boys und der Cravats.

Ma

Old photographs would have her bookish, sitting
Under a willow. I take that to be a croquet
Lawn. She reads aloud, no doubt from Rupert Brooke.
The month is always May or June.

Or with the stranger on the motor-bike.
Not my father, no. This one's all crew-cut
And polished brass buttons.
An American soldier, perhaps.
                                        And the full moon
Swaying over Keenaghan, the orchards and the cannery,
Thins to a last yellow-hammer, and goes.
The neighbours gather, all Keenaghan and Collegelands,
There is story-telling. Old miners at Coalisland
Going into the ground. Swinging, for fear of the gas,
The soft flame of a canary.

Mama

Alte Fotos zeigen sie als Bücherwurm, sie sitzt
Unter einer Weide. Ich denke, das ist wohl ein Krocket-
Rasen. Sie liest laut vor, zweifellos aus Rupert Brooke.
Der Monat ist immer Mai oder Juni.

Oder mit dem Fremden auf dem Motorrad.
Nicht mein Vater, nein. Dieser ist ganz Bürstenschnitt
Und blankpolierte Messingknöpfe.
Ein amerikanischer Soldat vielleicht.
                                        Und der Vollmond,
Der über Keenaghan, Obstgärten und der Konserven-
      fabrik schaukelt,
Wird dünn wie eine letzte Goldammer und geht.
Die Nachbarn versammeln sich, ganz Keenaghan und
      Collegelands,
Es werden Geschichten erzählt. Alte Bergarbeiter in
      Coalisland,
Die in die Erde gehen. Und aus Angst vor dem Gas
Die weiche Flamme eines Kanarienvogels schwenken.

The Big House

I was only the girl under the stairs
But I was the first to notice something was wrong.
I was always first up and about, of course.
Those hens would never lay two days running
In the same place. I would rise early
And try round the haggard for fresh nests.
The mistress let me keep the egg-money.

And that particular night there were guests,
Mrs de Groot from the bridge set
And a young man who wrote stories for children,
So I wanted everything to be just right
When they trooped down to breakfast that
        morning.

I slept at the very top of that rambling house,
A tiny room with only a sky-light window.
I had brushed my hair and straightened my dress
And was just stepping into the corridor
When it struck me. That old boarded-up door
Was flung open. A pile of rubble and half-bricks
Was strewn across the landing floor.

Das große Haus

Ich war nur das Dienstmädchen unter der Treppe,
Aber ich war die erste, die merkte, daß etwas nicht
    stimmte.
Ich war immer die erste auf den Beinen, natürlich.
Diese Hühner haben nie zwei Tage hintereinander
An derselben Stelle gelegt. Ich stand früh auf
Und suchte im Mietenhof nach frischen Nestern.
Die Herrin ließ mich das Eiergeld behalten.

Und an jenem Abend gab es Gäste,
Frau de Groot von der Bridgegruppe
Und ein junger Mann, der Geschichten für Kinder
    schrieb,
Und da wollte ich alles besonders schön machen,
Wenn sie morgens zum Frühstück runtermarschierten.

Ich schlief ganz oben in dem verschachtelten Haus,
Ein winziges Zimmer nur mit einem Oberlicht.
Ich hatte mir die Haare gebürstet und das Kleid
    glattgestrichen
Und trat gerade in den Flur,
Als es mir auffiel. Die alte, mit Brettern vernagelte Tür
Stand aufgerissen. Ein Haufen Schutt und halbe
    Ziegelsteine
Lagen am Treppenabsatz auf dem Boden verstreut.

I went on down. I was stooping among the hay-
    stacks
When there came a clatter of hooves in the yard.
The squire's sure-footed little piebald mare
Had found her own way home, as always.
He swayed some. Then fell headlong on the cobbles.
There was not so much as the smell of whiskey on
    him.
People still hold he had died of fright,
That the house was haunted by an elder brother
Who was murdered for his birthright.
People will always put two and two together.

What I remember most of that particular morning
Was how calmly everyone took the thing.
The mistress insisted that life would go on quietly
As it always had done. Breakfast was served
At nine exactly. I can still hear Mrs de Groot
Telling how she had once bid seven hearts.
The young man's stories were for grown-ups, really.

Ich ging hinunter. Ich stand gebückt zwischen den
     Heumieten,
Als ein Geklapper von Hufen im Hofe erklang.
Die trittsichere kleine Schecke des Gutsherrn
Hatte allein den Weg nach Hause gefunden, wie immer.
Er schwankte etwas. Fiel dann kopfüber auf die
     Pflastersteine.
Es hing ihm nicht einmal ein Hauch von Whiskey an.
Die Leute sagen heute noch, er sei vor Angst gestorben,
Daß in dem Haus der Geist des älteren Bruders spuke,
Der um sein Geburtsrecht ermordet worden war.
Die Leute machen sich immer einen Reim auf alles.

Was ich von dem Morgen am besten erinnere
War, wie ruhig es alle zur Kenntnis nahmen.
Die Herrin bestand darauf, das Leben gehe still weiter
Wie immer. Das Frühstück wurde um Punkt neun
Serviert. Ich höre heute noch Frau de Groot
Erzählen, wie sie einmal auf sieben Herz gereizt hat.
Die Geschichten des jungen Mannes waren eigentlich für
     Erwachsene.

Our Lady of Ardboe

I

Just there, in a corner of the whin-field,
Just where the thistles bloom.
She stood there as in Bethlehem
One night in nineteen fifty-three or four.

The girl leaning over the half-door
Saw the cattle kneel, and herself knelt.

II

I suppose that a farmer's youngest daughter
Might, as well as the next, unravel
The winding road to Christ's navel.

Who's to know what's knowable?
Milk from the Virgin Mother's breast,
A feather off the Holy Ghost?
The fairy thorn? The holy well?

Our simple wish for there being more to life
Than a job, a car, a house, a wife –
The fixity of running water.

For I like to think, as I step these acres,
That a holy well is no more shallow
Nor plummetless than the pools of Shiloh,
The fairy thorn no less true than the Cross.

Unsere Liebe Frau von Ardboe

I

Dort, in einem Winkel des Stechginsterfelds,
Dort, wo die Disteln blühn,
Stand sie wie in Bethlehem,
Eines Nachts im Jahre dreiund- oder vierundfünfzig.

Das Mädchen, über die geteilte Tür gelehnt,
Sah die Kühe knien und kniete selber hin.

II

Ich denke, daß die jüngste Bauerntochter
Den verschlungnen Pfad zum Nabel Christi
Genausogut enträtseln kann wie andere auch.

Wer weiß schon, was zu wissen ist?
Milch von der Brust der Jungfrau,
Eine Feder vom Heiligen Geist?
Der Feendorn? Der heilge Quell?

Unser schlichter Wunsch, das Leben sei mehr
Als Arbeit, Auto, Haus und Frau –
Die Beständigkeit von fließend Wasser.

Denn ich denke, über Felder schreitend:
Ein heilger Quell ist weder seichter
Noch tiefer als der Teich Siloah,
Der Feendorn genauso wahrhaft wie das Kreuz.

III

Mother of our Creator, Mother of our Saviour,
Mother most amiable, Mother most admirable.
Virgin most prudent, Virgin most venerable,
Mother inviolate, Mother undefiled.

And I walk waist-deep among purples and golds
With one arm as long as the other.

III

Du Mutter des Schöpfers, Du Mutter des Erlösers,
Du liebenswürdige Mutter, Du wunderbare Mutter,
Du weise Jungfrau, Du ehrwürdige Jungfrau,
Du unversehrte Mutter, Du unbefleckte Mutter.

Und ich laufe hüfttief durch Lila und Gold,
Ein Arm so lang wie der andre.

The Bearded Woman, by Ribera

I've seen one in a fairground,
Swigging a quart of whiskey,
But nothing like this lady
Who squats in the foreground
To suckle the baby,
With what must be her husband
Almost out of the picture.

Might this be the Holy Family
Gone wrong?

Her face belongs to my grand-da
Except that her beard
Is so luxuriantly black.
One pap, her right, is bared
And borrowed by her child,
Who could not be less childlike.
He's ninety, too, if he's a day.

I'm taken completely
By this so unlikely Madonna.

Yet my eye is drawn once again,
Almost against its wishes,
To the figure in the shadows,
Willowy, and clean-shaven,
As if he had simply wandered in
Between mending that fuse
And washing the breakfast dishes.

Die bärtige Frau, von Ribera

Einmal sah ich eine auf der Kirmes,
Sie kippte eine Flasche Whiskey,
Aber noch nie jemand wie diese Frau,
Die da im Vordergrund kauert
Und ihren Säugling stillt,
Der Mann (doch wohl ihr Mann)
Interessiert fast nur am Rande.

Ist das die Heilige Familie,
Nur mißraten?

Ihr Gesicht ist das von meinem Opa,
Nur daß ihr Bart
Schwarz wuchert.
Eine Brust, die rechte, ist entblößt
Und wird von ihrem Kind geborgt.
Es könnte nicht weniger kindlich sein:
Neunzig ist es und keinen Tag jünger.

Ganz gebannt bin ich
Von dieser untauglichen Madonna.

Doch noch einmal fällt mein Blick,
Fast gegen meinen Willen,
Auf die Gestalt im Dunkeln,
Gertenschlank und glattrasiert,
Als käme er hereingeschlendert
Nach dem Auswechseln der Sicherung,
Vor dem Abwasch des Frühstücksgeschirrs.

The Merman

He was ploughing his single furrow
Through the green, heavy sward
Of water. I was sowing winter wheat
At the shoreline, when our farms met.

Not a furrow, quite, I argued.
Nothing would come of his long acre
But breaker growing out of breaker,
The wind-scythe, the rain-harrow.

Had he no wish to own such land
As he might plough round in a day?
What of friendship, love? Such qualities?

He remembered these same fields of corn or hay
When swathes ran high along the ground,
Hearing the cries of one in difficulties.

Der Wassermann

Er zog seine einsame Furche
Durch das grüne, schwere Gras
Des Wassers. Ich säte Winterweizen
Am Küstensaum, als unsere Güter aneinandergrenzten.

Keine echte Furche, widersprach ich.
Auf seinem weiten Acker würde nichts gedeihen
Als Woge um Woge um Woge,
Die Windsense, die Regenegge.

Hegte er denn keinen Wunsch nach Land,
Das sich an einem Tage pflügen ließ?
Was war mit Freundschaft, Liebe? Solchen Qualitäten?

Er kannte noch die Weizenfelder und die Wiesen,
Wenn die dicken Schwaden auf der Erde lagen,
Hörte noch die Schreie eines Menschen in Not.

The Narrow Road to the Deep North

A Japanese soldier
Has just stumbled out of the forest.
The war has been over
These thirty years, and he has lost

All but his ceremonial sword.
We offer him an American cigarette.
He takes it without a word.
For all this comes too late. Too late

To break the sword across his knee,
To be right or wrong.
He means to go back to his old farm

And till the land. Though never to deny
The stone its sling,
The blade of grass its one good arm.

Auf schmalen Pfaden durch den tiefen Norden

Ein japanischer Soldat
Kommt eben aus dem Wald gewankt.
Der Krieg ist aus, seit dreißig
Jahren schon, und er hat

Nichts mehr als sein Zierschwert.
Wir fragen: Zigarette? Aus Amerika!
Er nimmt sie, spricht kein Wort.
Denn all das kommt zu spät. Zu spät,

Um das Schwert übers Knie zu brechen,
Zu spät für Unrecht oder Recht.
Er will zurück auf seine alte Farm,

Das Land bestellen. Doch nie
Den Kiesel ohne seine Schleuder lassen,
Den Grashalm ohne seinen einen heilen Arm.

Cider

Though we lie by their sides we may never know
The lengths to which our roads might go,
Or so we like to think. They end as we end –
Dead in their beds, going round the bend,

In mid-sentence at quays.
I have lain by your side for long enough,
Our sheets are littered with those yellow moths
That wanted only their names in lights.

I want you to bring me down to the estuary.
At low tide we might wade out to an island, Hy
Brasil, the Land of Youth.

I'm through with drinking for another night,
Lead me down to the estuary. While I'm in two minds,
Now that the glass has taken my other hand.

Apfelwein

Obwohl wir an ihrer Seite liegen, werden wir nie verstehen,
Wie weit unsere Straßen nun eigentlich gehen,
Oder so hätten wir's gerne. Sie enden wie wir –
Tot in ihren Betten, ihr Verlauf ein bißchen wirr,

Mitten im Satz an ihren Kais.
Ich habe lange genug an deiner Seite gelegen,
Unsere Laken sind mit den gelben Motten bedeckt,
Die nur ihren Namen ins rechte Licht rücken wollten.

Ich will, daß du mich zur Flußmündung bringst.
Bei Ebbe könnten wir zu einer Insel hinauswaten, Hy
Brasil, Land der Jugend.

Ich bin für heute mal wieder mit Trinken fertig,
Führ mich zur Mündung. Wo ich doch geteilter Meinung
    bin,
Da nun das Glas meine andere Hand genommen hat.

Largesse

A body would think
The world was its meat and drink.

It fits like a dream!
What's the fish-pond to the fish,
Avocado and avocado-dish,
But things shaped by their names?

For only by embroidery
Will a star take root in the sky,
A flower have a pillow for ground.
How many angels stand on a pinhead?

Twelve o'clock. We climb to bed.
A trout leaps in the far pond,
The sound of one hand clapping.

And the avocado-stone is mapping
Its future through the wreck
Of dinner-table and dining-room.

Numberless cherubim and seraphim
Alleluia on my prick!

Großzügigkeit

Ein Leib möchte glauben,
Die Welt ist sein Fleisch, seine Trauben.

Es paßt wie ein Traum!
Was ist schon dem Fischteich der Fisch,
Der Avocado das Avocadogericht,
Sind's ihnen nur Dinge, von ihrem Namen geformt?

Denn durch Stickerei bloß
Schlägt ein Stern Wurzeln im Himmel,
Hat die Blume ein Kissen als Grund.
Wie viele Engel stehen auf einem Nadelkopf?

Schlag zwölf. Wir klettern ins Bett.
Eine Forelle springt im fernen Teich,
Das Geräusch einer klatschenden Hand.

Und der Avocadostein zeichnet gewandt
Seine Zukunft durch die Trümmer
Von Eßtisch und Speisezimmer.

Zahllose Cherubim und Seraphim,
Halleluja auf meinem Pimmel!

Duffy's Circus

Once Duffy's Circus had shaken out its tent
In the big field near the Moy
God may as well have left Ireland
And gone up a tree. My father had said so.

There was no such thing as the five-legged calf,
The God of Creation
Was the God of Love.
My father chose to share such Nuts of Wisdom.

Yet across the Alps of each other the elephants
Trooped. Nor did it matter
When Wild Bill's Rain Dance
Fell flat. Some clown emptied a bucket of stars

Over the swankiest part of the crowd.
I had lost my father in the rush and slipped
Out the back. Now I heard
For the first time that long-drawn-out cry.

It came from somewhere beyond the corral.
A dwarf on stilts. Another dwarf.
I sidled past some trucks. From under a freighter
I watched a man sawing a woman in half.

Duffys Zirkus

Hatte Duffys Zirkus erst einmal sein Zelt
Auf dem großen Feld bei Moy aufgeschlagen,
Hätte Gott ebensogut aus Irland auswandern
Und auf einen Baum klettern können. Sagte mein Vater.

Das fünfbeinige Kalb? Gab es nicht,
Der Gott der Schöpfung
War der Gott der Liebe.
Solche Brösel Weisheit teilte Vater gern mit mir.

Doch über die Alpen ihrer Leiber zogen
Die Elefanten. Es machte auch nichts,
Wenn dem Wilden Bill der Regentanz mißglückte.
Ein Clown entleerte einen Eimer Sterne

Über dem vornehmsten Teil der Menge.
In dem Trubel verlor ich meinen Vater
Und schlüpfte nach hinten hinaus. Da hörte ich
Zum ersten Mal den langgezogenen Schrei.

Er kam von irgendwo jenseits der Wagenburg.
Ein Zwerg auf Stelzen. Noch ein Zwerg.
Ich schlich an Lastautos vorbei. Von unter einem Lader
Sah ich: Ein Mann sägt eine Frau entzwei.

Mules

Should they not have the best of both worlds?

Her feet of clay gave the lie
To the star burned in our mare's brow.
Would Parsons' jackass not rest more assured
That cross wrenched from his shoulders?

We had loosed them into one field.
I watched Sam Parsons and my quick father
Tense for the punch below their belts,
For what was neither one thing or the other.

It was as though they had shuddered
To think, of their gaunt, sexless foal
Dropped tonight in the cowshed.

We might yet claim that it sprang from earth
Were it not for the afterbirth
Trailed like some fine, silk parachute,
That we would know from what heights it fell.

Maultiere

Sollten sie nicht das Beste aus beiden Welten vereinen?

Ihre tönernen Füße straften den Stern,
Der auf der Stirn unserer Stute brannte, Lügen.
Würde Parsons Esel nun nicht viel sicherer sein,
Wenn dieses Kreuz von seinen Schultern gezerrt war?

Wir hatten sie gemeinsam auf ein Feld gelassen.
Ich sah, wie Sam Parsons und mein schneller Vater
Sich für den Schlag unter die Gürtellinie strafften,
Für etwas, was weder das eine noch das andere war.

Es schien, als hätte ihnen beim Gedanken
An das hagere, geschlechtslose Fohlen geschaudert,
Das heute nacht im Kuhstall geworfen wurde.

Noch könnten wir behaupten, es sei der Erde entsprungen,
Gäbe es da nicht die Nachgeburt,
Hinterhergezogen wie ein feiner Seidenfallschirm,
Damit wir wissen sollten, aus welchen Höhen es fiel.

Bran

While he looks into the eyes of women
Who have let themselves go,
While they sigh and they moan
For pure joy,

He weeps for the boy on that small farm
Who takes an oatmeal Labrador
In his arms,
Who knows all there is of rapture.

Kleie

Während er in die Augen von Frauen blickt,
Die sich gehenlassen,
Während sie stöhnen und seufzen
Vor reinem Glück,

Weint er um den Jungen von der kleinen Farm
Mit dem hafermehlfarbenen Neufundländer
In den Armen,
Der die höchste Verzückung schon kennt.

Cuba

My eldest sister arrived home that morning
In her white muslin evening dress.
»Who the hell do you think you are,
Running out to dances in next to nothing?
As though we hadn't enough bother
With the world at war, if not at an end.«
My father was pounding the breakfast-table.

»Those Yankees were touch and go as it was –
If you'd heard Patton in Armagh –
But this Kennedy's nearly an Irishman
So he's not much better than ourselves.
And him with only to say the word.
If you've got anything on your mind
Maybe you should make your peace with God.«

I could hear May from beyond the curtain.
»Bless me, Father, for I have sinned.
I told a lie once, I was disobedient once.
And, Father, a boy touched me once.«
»Tell me, child. Was this touch immodest?
Did he touch your breast, for example?«
»He brushed against me, Father. Very gently.«

Kuba

Meine älteste Schwester kam an dem Morgen
In ihrem weißen Baumwollkleid nach Hause.
»Verdammt, was glaubst du eigentlich, wer du bist,
Rennst mit so gut wie nichts am Leib zum Tanzen?
Als ob wir nicht schon genug um die Ohren hätten,
Die Welt im Krieg, wenn nicht gar am Ende.«
Mein Vater schlug mit der Faust auf den Frühstückstisch.

»Diese Yankees standen so schon auf Messers Schneide –
Ihr hättet mal Patton in Armagh hören sollen –,
Aber dieser Kennedy ist ja fast ein Ire,
Also ist er auch nicht viel besser als wir.
Und wo ein einziges Wort von ihm genügt.
Wenn du was auf dem Herzen hast,
Dann mach besser deinen Frieden mit Gott.«

Ich konnte May hinter dem Vorhang hören.
»In Demut und Reue bekenne ich meine Sünden.
Ich habe einmal gelogen, einmal nicht gehorcht.
Und Vater, einmal hat mich ein Junge berührt.«
»Sag mir, Kind. War die Berührung schamlos?
Hat er zum Beispiel deine Brust berührt?«
»Er hat mich gestreift, Vater. Ganz sacht.«

The Boundary Commission

You remember that village where the border ran
Down the middle of the street,
With the butcher and baker in different states?
Today he remarked how a shower of rain

Had stopped so cleanly across Golightly's lane
It might have been a wall of glass
That had toppled over. He stood there, for ages,
To wonder which side, if any, he should be on.

Die Grenzkommission

Weißt du noch das Dorf, wo die Grenze
Mitten durch die Straße verlief, wo Fleischhauer
Und Bäcker in verschiedenen Staaten wohnten?
Heute erzählte er, ein Regenschauer

Habe so säuberlich über Golightly's Gasse verharrt,
Als wäre er eine gläserne Mauer,
Die umgestürzt sei. Lange stand er da
Und fragte sich, auf welche Seite er, wenn überhaupt,
    gehört.

Holy Thursday

They're kindly here, to let us linger so late,
Long after the shutters are up.
A waiter glides from the kitchen with a plate
Of stew, or some thick soup,

And settles himself at the next table but one.
We know, you and I, that it's over,
That something or other has come between
Us, whatever we are, or were.

The waiter swabs his plate with bread
And drains what's left of his wine,
Then rearranges, one by one,
The knife, the fork, the spoon, the napkin,
The table itself, the chair he's simply borrowed,
And smiles, and bows to his own absence.

Gründonnerstag

Nette Leute, uns so spät noch dazulassen,
Wo doch längst geschlossen ist.
Aus der Küche kommt ein Kellner mit einem Teller
Eintopf oder einer sämigen Suppe herbeigeschwebt

Und setzt sich an den übernächsten Tisch.
Du und ich, wir wissen, es ist aus.
Irgend etwas steht zwischen
Uns, was wir auch waren oder sind.

Der Kellner wischt den Teller mit Brot
Und trinkt den letzten Tropfen Wein,
Dann rückt er eins nach dem andern zurecht:
Messer, Gabel, Löffel, Serviette,
Den Tisch, den nur geliehenen Stuhl,
Und verbeugt sich lächelnd vor dem eignen Fortsein.

Truce

It begins with one or two soldiers
And one or two following
With hampers over their shoulders.
They might be off wildfowling

As they would another Christmas Day,
So gingerly they pick their steps.
No one seems sure of what to do.
All stop when one stops.

A fire gets lit. Some spread
Their greatcoats on the frozen ground.
Polish vodka, fruit and bread
Are broken out and passed round.

The air of an old German song,
The rules of Patience, are the secrets
They'll share before long.
They draw on their last cigarettes

As Friday-night lovers, when it's over,
Might get up from their mattresses
To congratulate each other
And exchange names and addresses.

Waffenruhe

Mit ein, zwei Landsern fängt es an,
Und ein, zwei andre tun es ihnen nach,
Über den Schultern Körbe tragend.
Als machten sie auf Wildenten Jagd,

Wie an andern Weihnachtstagen auch,
Bahnen behutsam sie sich ihren Weg.
Keiner scheint zu wissen, was zu tun ist.
Wenn einer anhält, tun es alle.

Ein Feuer wird entfacht. Manche breiten
Ihren Mantel auf dem festgefrornen Boden aus.
Polnischer Wodka, Obst und Brote
Werden ausgepackt und dargereicht.

Ein altes deutsches Volkslied,
Die Regeln der Patience sind die Geheimnisse,
Die sie bald teilen werden.
Sie ziehen an ihren letzten Zigaretten,

Wie Liebende Freitag nachts, danach,
Von ihrem Lager sich erheben,
Einander zu beglückwünschen
Und Namen und Adressen austauschen.

Ireland

The Volkswagen parked in the gap,
But gently ticking over.
You wonder if it's lovers
And not men hurrying back
Across two fields and a river.

Irland

Der Volkswagen, der da in der Lücke parkt
Mit leise laufendem Motor –
Man fragt sich, sind es Liebende
Oder Männer, die durch zwei Felder
Hasten und durch einen Fluß?

Anseo

When the Master was calling the roll
At the primary school in Collegelands,
You were meant to call back *Anseo*
And raise your hand
As your name occurred.
Anseo, meaning here, here and now,
All present and correct,
Was the first word of Irish I spoke.
The last name on the ledger
Belonged to Joseph Mary Plunkett Ward
And was followed, as often as not,
By silence, knowing looks,
A nod and a wink, the Master's droll
»And where's our little Ward-of-court?«

I remember the first time he came back
The Master had sent him out
Along the hedges
To weigh up for himself and cut
A stick with which he would be beaten.
After a while, nothing was spoken,
He would arrive as a matter of course
With an ash-plant, a salley-rod.
Or, finally, the hazel-wand
He had whittled down to a whip-lash,
Its twist of red and yellow lacquers
Sanded and polished,
And altogether so delicately wrought
That he had engraved his initials on it.

Anseo

Wenn der Lehrer die Namen verlas
In der Volksschule von Collegelands,
Mußte man laut *Anseo* rufen
Und mit der Hand aufzeigen,
Sobald der eigne Name fiel.
Anseo, Bedeutung: hier, hier und jetzt,
Vollzählig angetreten,
War das erste Wort auf irisch, das ich sprach.
Der letzte Name im Klassenbuch
Gehörte Joseph Mary Plunkett Ward,
Auf ihn folgten fast immer
Schweigen, wissende Blicke,
Nicken, Zwinkern, des Lehrers drolliges:
»Und wo steckt unser kleines Mündel Ward?«

Ich weiß noch, wie er das erste Mal zurückkam.
Der Lehrer hatte ihn hinausgeschickt
Zu den Hecken, sich einen Stock
Zu suchen und abzuschneiden,
Mit dem er ihn prügeln konnte.
Nach einer Weile, es fiel kein Wort,
Kam er wie selbstverständlich
Mit einem Eschensetzling, einer Weidenrute.
Und schließlich mit einem Haselstecken,
Zu einer Peitschenschnur zurechtgeschnitzt,
Die Krümmung rot und gelb lackiert,
Geschmirgelt und poliert
Und insgesamt so kunstvoll angefertigt,
Daß er seine Initialen eingeritzt.

I last met Joseph Mary Plunkett Ward
In a pub just over the Irish border.
He was living in the open,
In a secret camp
On the other side of the mountain.
He was fighting for Ireland,
Making things happen.
And he told me, Joe Ward,
Of how he had risen through the ranks
To Quartermaster, Commandant:
How every morning at parade
His volunteers would call back *Anseo*
And raise their hands
As their names occurred.

Zuletzt begegnete ich Joseph Mary Plunkett Ward
In einem Pub jenseits der irischen Grenze.
Er lebte unter freiem Himmel,
In einem geheimen Lager
Auf der anderen Seite des Berges.
Er kämpfte für Irland
Und sorgte für Aktion.
Und er erzählte mir davon,
Wie er, Joe Ward, sich hochgedient
Zum Quartiermeister, zum Kommandanten,
Wie jeden Morgen beim Appell
Seine Freiwilligen laut *Anseo* riefen
Und mit der Hand aufzeigten,
Sobald ihr Name fiel.

Why Brownlee Left

Why Brownlee left, and where he went,
Is a mystery even now.
For if a man should have been content
It was him; two acres of barley,
One of potatoes, four bullocks,
A milker, a slated farmhouse.
He was last seen going out to plough
On a March morning, bright and early.

By noon Brownlee was famous;
They had found all abondoned, with
The last rig unbroken, his pair of black
Horses, like man and wife,
Shifting their weight from foot to
Foot, and gazing into the future.

Weswegen Brownlee fortging

Weswegen Brownlee fortging und wohin,
Ist heute noch ein Rätsel.
Denn wenn ein Mann zufrieden schien,
Dann er: zwei Morgen Gerste,
Ein Morgen Erdäpfel, vier Ochsen,
Eine Milchkuh, ein Bauernhaus mit Schieferdach.
Zuletzt sah man ihn pflügen gehn,
An einem klaren Märzenmorgen in der Früh.

Mittags war er schon in aller Munde.
Alles hatte man verlassen aufgefunden:
Die letzte Zeile ungepflügt, die beiden
Rappen, wie Mann und Frau, von einem Fuß
Auf den anderen tretend,
Mit stierem Zukunftsblick.

Promises, Promises

I am stretched out under the lean-to
Of an old tobacco-shed
On a farm in North Carolina.
A cardinal sings from the dogwood
For the love of marijuana.
His song goes over my head.
There is such splendour in the grass
I might be the picture of happiness.
Yet I am utterly bereft
Of the low hills, the open-ended sky,
The wave upon wave of pasture
Rolling in, and just as surely
Falling short of my bare feet.
Whatever is passing is passing me by.

I am with Raleigh, near the Atlantic,
Where we have built a stockade
Around our little colony.
Give him his scallop-shell of quiet,
His staff of faith to walk upon,
His scrip of joy, immortal diet –
We are some eighty souls
On whom Raleigh will hoist his sails.
He will return, years afterwards,
To wonder where and why
We might have altogether disappeared,
Only to glimpse us here and there
As one fair strand in her braid,
The blue in an Indian girl's dead eye.

Leere Versprechungen

Hingestreckt liege ich unterm Pultdach
Eines alten Tabakschuppens
Auf einer Farm in North Carolina.
Im Hornstrauch singt ein Kardinal
Aus Freude am Marihuana.
Sein Lied geht über meinen Verstand.
Es liegt ein solcher Glanz im Gras,
Fast bin ich ein Inbild des Glücks.
Doch wie sehr fehlen mir
Die niedrigen Hügel, der endlose Himmel,
Das Weideland, das Welle um Welle
Heranwogt und ebenso gewiß
Vor meinen bloßen Füßen hält.
Was immer vorübergeht, übergeht mich.

Mit Raleigh stehe ich am Atlantik –
Wir haben eine Palisadenwand
Um unsere kleine Kolonie erbaut.
Reicht ihm seine Ruhemuschel,
Seinen Glaubensstab zum Gehen,
Sein Freudenränzel, unsterbliche Nahrung –
Es sind unser achtzig Seelen,
Auf denen Raleigh seine Segel hissen wird.
Jahre später wird er wiederkehren
Und sich fragen, wohin und weshalb
Wir so spurlos verschwunden sind.
Nur hier und da wird er uns erspähen:
Als blonde Strähne in ihrer Flechte,
Das Blau im toten Auge eines Indianermädchens.

I am stretched out under the lean-to
Of an old tobacco-shed
On a farm in North Carolina,
When someone or other, warm, naked,
Stirs within my own skeleton
And stands on tip-toe to look out
Over the horizon,
Through the zones, across the ocean.
The cardinal sings from a redbud
For the love of one slender and shy,
The flight after flight of stairs
To her room in Bayswater,
The damson freckle on her throat
That I kissed when we kissed goodbye.

Hingestreckt liege ich unterm Pultdach
Eines alten Tabakschuppens
Auf einer Farm in North Carolina,
Als irgendwer sich, warm und nackt,
In meinem Gerippe regt
Und auf die Zehenspitzen stellt,
Den Horizont abzusuchen,
Durch die Zonen, übers Meer.
In einem Judasbaum singt der Kardinal
Aus Freude an einer Schlanken, Scheuen,
Eine Treppenflucht um die andre,
Bis zu ihrem Zimmer in Bayswater,
Zu dem pflaumenfarbenen Mal an ihrem Hals,
Das ich küßte, als wir Abschied nahmen.

Trance

My mother opens the scullery door
On Christmas Eve, 1954,
to empty the dregs
of the teapot on the snowy flags.
A wind out of Siberia
carries such voices as will carry
through to the kitchen –

Someone mutters a flame from lichen
and eats the red-and-white Fly Agaric
while the others hunker in the dark,
taking it in turn
to drink his mind-expanding urine.
One by one their reindeer
nuzzle in.

My mother slams the door
on her star-cluster of dregs
and packs me off to bed.
At 2 a. m. I will clamber downstairs
to glimpse the red-and-white
up the chimney, my new rocking-horse
as yet unsteady on its legs.

Trance

Am Heiligabend '54
öffnet meine Mutter die Hintertür
und leert den Teesatz aus der Kanne
auf die schneebedeckten Steine.
Ein Wind aus Sibirien
trägt solche Stimmen, die weit tragen,
zur Küche herein –

Jemand murmelt eine Flamme von Flechten
und verzehrt rotweißen Fliegenpilz,
die andern kauern im Dunkel
und trinken reihum
von seinem bewußtseinserweiternden Harn.
Schnüffelnd schieben sich, eins nach dem andern,
ihre Rentiere herein.

Meine Mutter schließt die Tür
vor ihrem Sternhaufen aus Teesatz
und schickt mich zu Bett.
Um zwei Uhr schleiche ich hinab
und stehle einen Blick auf das Rotweiß
oben im Kamin, mein neues Schaukelpferd
mit seinen taumeligen Beinen.

The Right Arm

I was three-ish
when I plunged my arm into the sweet-jar
for the last bit of clove-rock.

We kept a shop in Eglish
that sold bread, milk, butter, cheese,
bacon and eggs,
Andrews Liver Salts,
and, until now, clove-rock.

I would give my right arm to have known then
how Eglish was itself wedged between
ecclesia and *église.*

The Eglish sky was its own stained-glass vault
and my right arm was sleeved in glass
that has yet to shatter.

Der rechte Arm

Ich war etwa drei,
als ich meinen Arm nach dem letzten Stückchen
Nelkenkandis in das Bonbon-Glas tauchte.

Wir hatten einen Laden in Eglish,
in dem es Brot, Milch, Butter, Käse,
Schinken und Eier gab,
Bullrich-Salz
und bis heute Nelkenkandis.

Ich gäbe meinen rechten Arm dafür her, damals gewußt zu
    haben,
wie sich Eglish selbst zwischen
ecclesia und *église* keilte.

Der Himmel über Eglish war seine eigene Buntglaskuppel,
und mein rechter Arm trug einen Ärmel aus Glas,
das noch nicht zersprungen ist.

The Sightseers

My father and mother, my brother and sister
and I, with uncle Pat, our dour best-loved uncle,
had set out that Sunday afternoon in July
in his broken-down Ford

not to visit some graveyard – one died of shingles,
one of fever, another's knees turned to jelly –
but the brand-new roundabout at Ballygawley,
the first in mid-Ulster.

Uncle Pat was telling us how the B-Specials
had stopped him one night somewhere near Ballygawley
and smashed his bicycle

and made him sing the Sash and curse the Pope of Rome.
They held a pistol so hard against his forehead
there was still the mark of an O when he got home.

Die Touristen

Mein Vater und meine Mutter, mein Bruder, meine
    Schwester
und ich waren mit Onkel Pat, unserem mürrischen
    geliebten Onkel,
an dem Sonntag nachmittag im Juli
in seinem kaputten Ford aufgebrochen.

nicht, um irgendeinen Friedhof zu besuchen – einer starb
    an Gürtelrose,
einer an Fieber, die Knie eines anderen waren zu Watte
    geworden –,
sondern den nagelneuen Kreisel in Ballygawley,
den ersten in Zentral-Ulster.

Onkel Pat erzählte uns, wie die Miliz, die *B-Specials*,
ihn eines Abends irgendwo in der Nähe von Ballygawley
    anhielten
und sein Fahrrad zertrümmerten

und ihn zwangen, den *Sash* zu singen und den Papst in Rom
zu verfluchen. Sie hielten ihm die Pistole so hart gegen die
    Stirn,
daß er das Zeichen eines O noch trug, als er nach Hause kam.

Quoof

How often have I carried our family word
for the hot water bottle
to a strange bed,
as my father would juggle a red-hot half-brick
in an old sock
to his childhood settle.
I have taken it into so many lovely heads
or laid it between us like a sword.

An hotel room in New York City
with a girl who spoke hardly any English,
my hand on her breast
like the smouldering one-off spoor of the yeti
or some other shy beast
that has yet to enter the language.

Quoof

Wie oft habe ich unser Familienwort
für die Wärmflasche
in ein fremdes Bett getragen,
so, wie mein Vater einen glühendheißen Ziegelstein
in einer alten Socke
zur Sitzbank seiner Kindheit jonglierte.
Ich habe es in so viele schöne Köpfe getragen
oder zwischen uns gelegt wie ein Schwert.

Ein Hotelzimmer in New York City,
mit einer Frau, die kaum Englisch sprach,
meine Hand auf ihrer Brust
wie die dampfende, einmalige Kotspur des Yeti
oder eines anderen scheuen Tieres
das noch nicht in die Sprache eingegangen ist.

Cherish the Ladies

In this, my last poem about my father,
there may be time enough
for him to fill their drinking-through
and run his eye over

his three mooley heifers.
Such a well-worn path,
I know, from here to the galvanized bath.
I know, too, you would rather

I saw behind the hedge to where the pride
of the herd, though not an Irish
bull, would cherish
the ladies with his electric cattle-prod.

As it is, in my last poem about my father
he opens the stand-pipe
and the water scurries along the hose
till it's curled

in the bath. One heifer
may look up
and make a mental note, then put her nose
back to the salt-lick of the world.

Ehrt die Ladies

In diesen, meinen letzten Versen über meinen Vater
hat er vielleicht eben noch Zeit,
ihren Wassertrog zu füllen
und mit den Augen über seine drei

hornlosen Färsen hinzugehen.
Was für ein ausgetretener Pfad,
ich weiß, von hier bis zur zinkenen Wanne.
Ich weiß auch, dir wär's lieber,

ich spähte hinter die Hecke, wo der Stolz
der Herde, wenn auch kein irischer
Zuchtstier, die Ladies immer
mit seinem elektrischen Viehtreiber beehrte.

So aber, in meinen letzten Versen über meinen Vater,
öffnet er das Steigrohr,
und das Wasser jagt durch den Schlauch,
bis es in die Wanne

schäumt. Mag sein, eine Färse
sieht auf und prägt sich's ein
und senkt dann die Nase
wieder zur Salzlecke der Welt.

The Frog

Comes to mind as another small upheaval
amongst the rubble.
His eye matches exactly the bubble
in my spirit-level.
I set aside hammer and chisel
and take him on the trowel.

The entire population of Ireland
springs from a pair left to stand
overnight in a pond
in the gardens of Trinity College,
two bottles of wine left there to chill
after the Act of Union.

There is, surely, in this story
a moral. A moral for our times.
What if I put him to my head
and squeezed it out of him,
like the juice of freshly squeezed limes,
or a lemon sorbet?

Der Frosch

Fällt uns als eine weitere kleine Erhebung
zwischen den Trümmern ein.
Sein Auge gleicht genau der Blase
in meiner Wasserwaage.
Ich lege Hammer und Meißel beiseite
und nehme ihn auf meine Kelle.

Irlands gesamter Bestand
stammt ab von einem Paar
das nachtsüber in einem Teich im Garten
von Trinity College stehengelassen war,
zwei Flaschen Wein, die nach dem *Act of Union*
dort zum Kühlen gelassen wurden.

In dieser Geschichte liegt doch gewiß
eine Moral. Eine Moral für unsere Zeit.
Was, wenn ich ihn an meinen Kopf hielte
und sie aus ihm herauspreßte
wie den Saft frisch gepreßter Limonen
oder ein Zitroneneis?

The Unicorn Defends Himself

I

Somewhere in or around the turn
of the sixteenth century,
we come upon the fourth
in a series of Flemish tapestries
on the hunt of the unicorn.

Kicking out with his tattered hind
hooves, he tilts
at a hunting-hound
with his barley-sugar stick of horn;
the unicorn defends himself.

II

Once you swallowed a radar-blip
of peyote
you were out of your tree,
you hadn't a baldy
where you were or who you were with.

Only that you had fallen asleep
on the water bed
in a loft on the Lower East Side,
and woke between two bodies, true,
one wire-haired and one smooth.

Das Einhorn verteidigt sich

I

Irgendwann gegen Mitte oder Ende
des sechzehnten Jahrhunderts
begegnen wir dem vierten
in einer Serie flämischer Gobelins
über die Jagd auf das Einhorn.

Aus schlägt's mit zerfetzten
Hinterhufen und sticht
mit seiner Zuckerstange aus Horn
nach einem Jagdhund:
Das Einhorn verteidigt sich.

II

Einmal schlucktest du einen Glimmer
aus Peyote,
du drehtest völlig durch,
du hattest keinen Schimmer,
wo du warst oder bei wem.

Nur, daß du eingeschlafen warst
auf einem Wasserbett
in einer Mansarde der Lower East Side
und zwischen zwei Leibern erwachtest, o ja,
der eine drahthaarig, der andere glatt.

III

The focal point is not, in truth,
his *coup de ventre*
to the milt-
sleek hunting-hound,
by which our eye is led astray.

Everything centres
on that spear tip poised to squander
the cleft
of his »innocent behind«.
At Houston Street and Lafayette

the unicorn defends himself.

III

Brennpunkt ist in Wahrheit nicht
sein *coup de ventre*
gegen den milz-
losen Jagdhund,
der unser Auge in die Irre führt.

Alles dreht sich
um diese Speerspitze,
die gleich die Ritze
seines »unschuldigen Hinterns« durchbohrt.
In Houston Street und Lafayette:

Das Einhorn verteidigt sich.

Aisling

I was making my way home late one night
this summer, when I staggered
into a snow drift.

Her eyes spoke of a sloe-year,
her mouth a year of haws.

Was she Aurora, or the goddess Flora,
Artemidora, or Venus bright,
or Anorexia, who left
a lemon stain on my flannel sheet?

It's all much of a muchness.

In Belfast's Royal Victoria Hospital
a kidney machine
supports the latest hunger-striker
to have called off his fast, a saline
drip into his bag of brine.

A lick and a promise. Cuckoo spittle.
I hand my sample to Doctor Maw.
She gives me back a confident *All Clear*.

Aisling

Ich ging diesen Sommer mal spätabends
nach Hause, als ich in eine Schnee-
wehe hineintorkelte.

Ihre Augen sprachen von einem Schlehenjahr,
ihr Mund ein Jahr Mehlbeeren.

War sie Aurora oder die Göttin Flora,
Artemidora oder Venus hell
oder Anorexia, die einen Zitronenfleck
auf meinem Flanellaken hinterließ?

Es bleibt sich alles gleich.

Im Royal Victoria Krankenhaus von Belfast
hält ein Dialysator
den neuesten Hungerstreikenden am Leben,
der sein Fasten abgebrochen hat, ein Tropf
mit Salzlösung in seinen Laketopf.

Flink gewischt. Kuckucksspeichel.
Ich reiche meine Probe Doktor Maw.
Sie erwidert mit einem zuversichtlichen *Alles Klar.*

The Ox

They had driven for three hours non-stop
that April afternoon
to see the Burren's orchids
in bloom.

Milltown Malbay. They parked
in front of a butcher's shop.
»A month too early. I might have known.«
»Let's find a room.«

They reversed away from the window.
To the right hung
one ox-tail,

to the left one ox-tongue.
»What's the matter? What's got into you?«
»Absolutely nothing at all.«

Der Ochse

Drei Stunden waren sie nonstop gefahren
an jenem Nachmittag im April,
um im Burren
die Orchideenblüte zu sehen.

Milltown Malbay. Sie hielten
vor einem Metzgerladen.
»Einen Monat zu früh. Ich hätt's mir denken können.«
»Komm, wir suchen eine Bleibe.«

Sie setzten zurück. Die Auslage:
Zur Rechten hing
ein Ochsenschwanz,

zur Linken eine Ochsenzunge.
»Was ist los? Was ist in dich gefahren?«
»Ach, überhaupt nichts.«

The Main-Mast

Next morning two huskies
lie at the foot
of our bed
in a death-embrace.

Half-dog, half-wolf.
They've polished off
their harness,
rivets and all,

and made short work
of your coat
and boots.
Your matching luggage

you've bundled
into a cabin
on the *Alhambra*, whose
captain will chop down

and burn his
main-mast for a head of steam,
then limp into New York
in record time.

Der Großmast

Tags darauf liegen
am Fuße unsres Betts
zwei Schlittenhunde
in tödlicher Umarmung.

Halb Hund, halb Wolf.
Sie haben ihr Geschirr
verschlungen,
mitsamt den Nieten,

und mit deinem Mantel,
deinen Stiefeln
kurzen Prozeß gemacht.
Dein passendes Gepäck

hast du in eine
Kabine auf der
Alhambra geschafft.
Der Käpten wird den Großmast

fällen und verbrennen,
um Dampf zu gewinnen,
dann in New York einlaufen –
in Rekordzeit.

The Lass of Aughrim

On a tributary of the Amazon
an Indian boy
steps out of the forest
and strikes up on a flute.

Imagine my delight
when we cut the outboard motor
and I recognize the strains
of *The Lass of Aughrim.*

»He hopes,« Jesus explains,
»to charm
fish from the water

on what was the tibia
of a priest
from a long-abandoned Mission.«

Das Mädchen von Aughrim

An einem Nebenfluß des Amazonas
tritt ein Indiojunge
aus dem Urwald
und spielt auf einer Flöte.

Stellt euch meine Freude vor,
als der Außenbordmotor verstummt
und ich die Melodie erkenne:
Das Mädchen von Aughrim.

»Er hofft«, erklärt Jesús,
»die Fische
aus dem Wasser zu locken –

auf dem Schienbein
eines Priesters
von einer längst verlassenen Mission.«

Meeting the British

We met the British in the dead of winter.
The sky was lavender

and the snow lavender-blue.
I could hear, far below,

the sound of two streams coming together
(both were frozen over)

and, no less strange,
myself calling out in French

across that forest-
clearing. Neither General Jeffrey Amherst

nor Colonel Henry Bouquet
could stomach our willow-tobacco.

As for the unusual
scent when the Colonel shook out his hand-

kerchief: *C'est la lavande,*
une fleur mauve comme le ciel.

They gave us six fishhooks
and two blankets embroidered with smallpox.

Begegnung mit den Briten

Wir begegneten den Briten mitten im Winter.
Der Himmel war lavendelfarben

und der Schnee lavendelblau.
Tief unter mir hörte ich

das Rauschen zweier Bäche, die zusammenflossen
(beide waren zugefroren),

und, genauso wunderlich,
mich selbst, wie ich auf französisch

etwas über jene Wald-
lichtung rief. Weder General Jeffrey Amherst

noch Colonel Henry Bouquet
vertrugen unseren Weidentabak.

Und dann der ungewohnte
Duft, als der Colonel sein Taschen-

tuch entfaltete: *C'est la lavande,
une fleur mauve comme le ciel.*

Sie schenkten uns sechs Angelhaken
und zwei Decken, mit Blattern bestickt.

The Fox

Such an alarm
as was raised last night
by the geese
on John Mackle's goose-farm.

I got up and opened
the venetian blind.
You lay
three fields away

in Collegelands
graveyard, in ground
so wet you weren't so much
buried there as drowned.

That was a month ago.
I see your face
above its bib
pumped full of formaldehyde.

You seem engrossed,
as if I'd come on you
painfully writing your name
with a carpenter's pencil

on the lid
of a mushroom-box.
You're saying, *Go back to bed.*
It's only yon dog-fox.

Der Fuchs

Was schlugen die Gänse
doch Alarm
gestern abend
auf John Mackles Gänsefarm!

Ich stand auf und zog
den Rolladen hoch.
Du lagst
drei Felder weit fort

auf dem Friedhof
von Collegelands, der Boden
so naß, als wärest du dort
eher ertränkt als begraben.

Das war vor einem Monat.
Ich sehe dein Antlitz
über dem Lätzchen,
vollgepumpt mit Formalin.

Du scheinst vertieft,
als hätt' ich dich dabei ertappt,
wie du mühsam deinen Namen
mit einem Zimmermannsbleistift

auf den Deckel
eines Champignonskartons geschrieben.
Du sagst: *Geh wieder schlafen.*
Es ist nur der Fuchs da drüben.

The Panther

For what it's worth, the last panther in Massachusetts
was brought to justice
in the woods beyond these meadows
and hung by its heels from a meat-hook
in what is now our kitchen.

(The house itself is something of a conundrum,
built as it was by an Ephraim Cowan from Antrim.)

I look in one evening while Jean
is jelly-making. She has rendered down pounds of grapes
and crab-apples
to a single jar
at once impenetrable and clear;
»Something's missing. This simply won't take.«

The air directly under the meat-hook –
it quakes, it quickens;
on a flagstone, the smudge of the tippy-tip of its nose.

Der Panther

Anscheinend wurde der letzte Panther in Massachusetts
im Wald hinter diesen Wiesen
vor den Richter gebracht
und in unserer heutigen Küche
an den Läufen an einem Fleischhaken gehängt.

(Das Haus selbst ist ein bißchen rätselhaft,
wo es doch ein Ephraim Cowan aus Antrim errichtet hat.)

Ich schaue eines Abends herein, während Jean
Gelee macht. Sie hat kiloweise Trauben eingekocht
und auch Holzäpfel
zu einem einzigen Glas,
das gleichzeitig undurchsichtig ist und klar;
»Irgendwas fehlt. Es wird einfach nicht fest.«

Die Luft direkt unterm Fleischhaken –
sie bebt, sie ist lebendig;
auf der Fliese der Fleck von der alleräußersten
    Schnauzenspitze.

Cauliflowers

Plants that glow in the dark have been developed through gene-splicing, in which light-producing bacteria from the mouths of fish are introduced to cabbage, carrots and potatoes.

The National Enquirer

More often than not he stops at the headrig to light
his pipe
and try to regain
his composure. The price of cauliflowers
has gone down
two weeks in a row on the Belfast market.

From here we can just make out
a platoon of Light
Infantry going down
the road to the accompaniment of a pipe-
band. The sun glints on their silver-
buttoned jerkins.

My uncle, Patrick Regan,
has been leaning against the mud-guard
of the lorry. He levers
open the bonnet and tinkers with a light
wrench at the hose-pipe
that's always going down.

Blumenkohl

Durch Genmanipulation wurden Pflanzen ent-
wickelt, die im Dunkeln leuchten. Dazu ver-
pflanzte man die lichtproduzierenden Bakterien
aus dem Maul von Fischen in Kohl, Möhren
und Kartoffeln.

The National Enquirer

Häufig hält er am Feldrain im letzten Licht,
um seine Pfeife
anzuzünden und noch einmal um Fassung
zu ringen. Der Preis von Blumen-
kohl auf dem Markt in Belfast sinkt
nun schon zwei Wochen lang.

Wenn unser Blick von hier aus sinkt,
können wir im Sonnenlicht
die Infanterie ausmachen, die die Straße
mit einem Musikkorps, komplett mit Pfeifen
und Trompeten, entlangmarschiert. Es
funkeln die Silberknöpfe ihrer Westen.

Mein Onkel Patrick Regan
steht schon eine ganze Weile gegen den Kotflügel
des Lasters gelehnt. Er stemmt nun
die Kühlerhaube auf und pfeift
sich eins, während er mit einem Schraubenschlüssel Licht
in das Schlauchgewirr bringt, das immer wieder wegsinkt.

Then he himself goes down
to bleed oil into a jerry-can.
My father slips the pipe
into his scorch-marked
breast pocket and again makes light
of the trepanned cauliflowers.

All this as I listened to lovers
repeatedly going down
on each other in the next room ... »light
of my life ...« in a motel in Oregon.
All this. Magritte's
pipe

and the pipe-
bomb. With Annetts. Gillyflowers.
Margaret,
are you grieving? My father going down
the primrose path with Patrick Regan.
All gone out of the world of light.

All gone down
the original pipe. And the cauliflowers
in an unmarked pit, that were harvested by their
    own light.

Dann läßt er sich selber sinken,
um Öl in einen Armeekanister laufen zu lassen.
Mein Vater läßt die Pfeife
in seine angesengte Brusttasche
gleiten und wirft ein neues Licht
auf den trepanierten Blumenkohl.

Das alles, während ich zuhörte, wie Liebende
nebenan schon wieder aufeinander niedersinken ...
»O Licht
meines Lebens ...« in einem Motel in Oregon.
Das alles. Magrittes
Pfeife

und das Pfeifen
einer Bombe. Weiße Annetten. Sonnenblumen.
Margaret,
trauerst du? Mein Vater versinkt
in Primeln, unterwegs mit Patrick Regan.
Alle sind verschwunden aus der Welt des Lichts.

Alles versunken,
man kann darauf pfeifen. Und der Blumenkohl
in einer unmarkierten Grube, geerntet im eigenen Licht.

The Briefcase

for Seamus Heaney

I held the briefcase at arm's length from me;
the oxblood or liver
eelskin with which it was covered
had suddenly grown supple.

I'd been waiting in line for the cross-town
bus when an almighty cloudburst
left the sidewalk a raging torrent.

And though it contained only the first
inkling of this poem, I knew I daren't
set the briefcase down
to slap my pockets for an obol –

for fear it might slink into a culvert
and strike out along the East River
for the sea. By which I mean the »open« sea.

Die Aktenmappe

für Seamus Heaney

Ich hielt die Mappe auf Armeslänge;
die ochsenblut- oder leberfarbene
Aalhaut, die sie bedeckte,
war plötzlich geschmeidig geworden.

Ich hatte in einer Schlange auf den Stadtbus
gewartet, da verwandelte ein heftiger Wolkenbruch
den Gehsteig in einen strudelnden Sturzbach.

Und obschon die Mappe nur die allererste
Vorahnung zu diesem Gedicht enthielt, wußte ich,
ich würde sie nicht abzusetzen wagen,
um meine Taschen nach einem Obolus abzuklopfen –

aus Angst, sie könne in einen Kanal schlüpfen
und sich den East River entlangschlängeln
zur See. Womit ich die »offene« See meine.

The Chef's Aria

I am a breast without a nipple.
I am a watch-tower without a beacon.
I am the gall in an oak-apple.
I am a birch stripped of its bark.
I am a raven swooping over the squadron.
I am a hang-nail on a finger.
I am the eye that looks askance.
I am a flint that holds no spark.
I am a half-moon-shaped gold torc.
I am a sponge steeped in vinegar.
I am the hart. I am the hind.
I am the green and burning tree.
I am the cloud no bigger than a hand.
I will go down in history.

Die Arie des Kochs

Ich bin eine Brust ohne Warze.

Ich bin ein Leuchtturm ohne Feuer.

Ich bin im Gallapfel die Galle.

Ich bin eine Birke, geschält, ohne Rinde.

Ich bin der aufs Geschwader herabstoßende Rabe.

Ich bin der Neidnagel an einem Finger.

Ich bin das argwöhnisch schielende Auge.

Ich bin ein Flintstein ohne Funken.

Ich bin der Halbmond des goldenen Torques.

Ich bin ein in Essig getränkter Schwamm.

Ich bin der Hirsch. Ich bin die Hinde.

Ich bin der grüne und brennende Baum.

Ich bin die handgroße Wolke.

Ich werde eingehen in die Geschichte.

Brazil

When my mother snapped open her flimsy parasol
it was Brazil: if not Brazil,

then Uruguay.
One nipple darkening her smock.

My shame-faced *Tantum Ergo*
struggling through thurified smoke.

*

Later that afternoon would find
me hunched over the font

as she rinsed my hair. Her towel-turban.
Her terrapin

comb scuttling under the faucet.
I stood there in my string vest

and shorts while she repeated: »*Champi…?*
Champi…? Champi…?« Then,

that bracelet of shampoo
about the bone, her triumphant »*ChampiÑON*«.

*

Brasilien

Wenn meine Mutter ihren klapprigen Sonnenschirm auf-
    schnappen ließ,
war es Brasilien: wenn nicht Brasilien,

dann Uruguay.
Eine Brustwarze verdunkelte ihren Kittel.

Mein schamrotes *Tantum Ergo*
kämpfte sich durch umhergeweihten Rauch.

*

Später am selben Nachmittag hing
ich überm Becken,

während sie mir die Haare spülte. Ihr Frotteeturban.
Ihr Sumpfschildkröten-

kamm klapperte hastig unterm Hahn.
Ich stand da in meinem Netzhemd

und den Shorts, während sie wiederholte, *»Champi…?*
Champi…? Champi…?« Dann,

jenes Armband aus Shampoo
um den Knochen gewunden, ihr triumphierendes
    »ChampiÑON«.

*

If not Uruguay, then Ecuador:
it must be somewhere on or near the equator

given how water
plunged headlong into water

when she pulled the plug.
So much for the obliq-

uity of leaving *What a Boy Should Know*
under my pillow: now *vagina* and *vas*

deferens made a holy show
of themselves. »There is inherent vice

in everything«, as O'Higgins
would proclaim: it was O'Higgins who duly

had the terms »widdershins«
and »deasil« expunged from the annals of Chile.

Wenn nicht Uruguay, dann Ecuador:
Es muß nahe bei oder direkt am Äquator

liegen, da das Wasser
kopfüber ins Wasser stürzte,

als sie den Stöpsel zog.
Soweit die Abir-

rung, *Was ein Junge wissen sollte* unter meinem Kissen
zu lassen: jetzt präsentierten sich *vagina* und *vas*

deferens auf das
Allerheiligste. »Es wohnt allem schon

Laster inne«, wie sich O'Higgins
auszudrücken pflegte: Es war O'Higgins, der viele

Begriffe, so *»widdershins«*
und *»deasil«**, dann tilgen ließ aus den Annalen von Chile.

* Anm. d. Übers.: »Widdershins« ist eine Variante
von »withershins«. Es bedeutet »gegen den
scheinbaren Lauf der Sonne« und ist ein
schlechtes Omen. »Deasil« bedeutet »mit dem
scheinbaren Lauf der Sonne« und ist ein gutes
Omen.

Oscar

Be that as it may, I'm wakened by the moans
not of the wind
nor the wood-demons

but Oscar MacOscair, as we call the hound
who's wangled himself
into our bed: »Why?« »Why not?«

He lies between us like an ancient quoof
with a snout of perished gutta-
percha, and whines at something on the roof.

*

I'm suddenly mesmerized
by what I saw only today: a pair of high heels
abandoned on the road to Amherst.

*

And I've taken off, over the towns of Keady
and Aughnacloy and Caledon –
Et in Arcadia –

to a grave lit by acetylene
in which, though she preceded him
by a good ten years, my mother's skeleton

has managed to worm
its way back on top of the old man's,
and she once again has him under her thumb.

Oscar

Wie dem auch sei, ich werde wach vom Stöhnen
nicht des Windes
noch der Holzdämonen,

sondern Oscar MacOscairs, wie wir den Jagdhund
nennen, der sich in unser Bett
gemogelt hat: »Warum?« »Warum nicht?«

Er liegt zwischen uns wie ein alter Quoof
mit einer Schnauze aus sprödem Gutta-
percha und jault zum Dach hinauf.

*

Plötzlich bin ich wie hypnotisiert von etwas,
das ich erst heute auf dem Weg nach Amherst sah:
ein Paar frauenlose Stöckelschuhe.

*

Und ich breche auf, durch die Städtchen Keady,
Aughnacloy und Caledon –
Et in Arcadia –

zu einem Grab, beleuchtet von Karbid,
in dem, obwohl sie ihm gut zehn Jahre
vorausging, meiner Mutter Skelett

es fertiggebracht hat, sich auf das
des alten Mannes draufzuwurmen,
und wieder hat sie ihn unter der Fuchtel.

The Sonogram

Only a few weeks ago, the sonogram of Jean's womb
resembled nothing so much
as a satellite map of Ireland:

now the image
is so well-defined we can make out not only a hand
but a thumb;

on the road to Spiddal, a woman hitching a ride;
a gladiator in his net, passing judgement on the crowd.

Die Ultraschallaufnahme

Vor ein paar Wochen sah die Aufnahme von Jeans
    Unterleib
noch gespuckt aus wie
ein Satellitenfoto von Irland:

Jetzt ist das Bild
so gut definiert, daß wir nicht nur eine Hand erkennen,
sondern auch einen Daumen;

eine trampende Frau auf der Straße nach Spiddal;
ein Gladiator in seinem Netz fällt über die Menge ein
    Urteil.

Inhalt

New Weather

Mules

Why Brownlee Left

Quoof

The Shining Brow

The Annals of Chile